ARGUMENTOS ANTINATALISTAS Y CÓMO REBATIRLOS

Moris Polanco

Asociación Familia Hoy
Guatemala, 2014

Copyright © 2014 Moris Polanco
Todos los derechos reservados.
ISBN-13: 978-1505879018
ISBN-10: 1505879019

Tabla de contenido

PRESENTACIÓN 5
ARGUMENTOS EN FAVOR DE LA LEY DE
ANTICONCEPTIVOS Y CÓMO REBATIRLOS . 9
1. "Que la gente decida." 9
2. "No tiene nada de malo tratar de educar a la gente sobre un tema tan importante como este." 10
3. "El Estado está buscando atender una demanda insatisfecha." 11
4. "Con los anticonceptivos se evitarían los abortos y la mortalidad materna." 13
5. "Son opiniones que no entienden la angustia de una mujer." 15
6. "Ese asunto corresponde exclusivamente a las parejas y no a la Iglesia." 16
7. "Ya somos muchos; hay que parar la mano en la producción de hijos." 17
8. Los preservativos no son abortivos. ¿Qué tienen de malo?" 19
9. "El rechazo del Vaticano a los derechos sexuales de la mujer no es de índole moral, sino política." . 20
10. "¿Por qué se oponen a que las mujeres usen anticonceptivos? No tienen derecho a hacerlo." ... 21
11. "Es injusto traer a la vida a niños que solo vendrán a sufrir." 22
12. "La prevención siempre es mejor." 23
13. "La gente del campo no sabe cómo evitar los embarazos, por eso termina teniendo más niños de los que quisiera." 24
14. "Los que se oponen a la ley lo hacen porque parten de dogmas religiosos." 25

15. "¿Y si fueran solo preservativos?" 26
16. "No se está matando a un ser humano, sino solo eliminando un óvulo fecundado." 27
17. "¿Por qué se oponen a que se eduque a la gente?" 28
18. "La ley solo pretende garantizar el derecho de las parejas a tener acceso a los métodos de planificación familiar." 29
19. "Es un problema de salud pública." 31
20. "Es bonita la castidad, pero no funciona. La gente seguirá teniendo relaciones." 32
21. "Es preferible un condón usado que un bebé asesinado." 34
22. "El Estado tiene la obligación de velar por la salud de los ciudadanos." 36
23. "Usar anticonceptivos es algo racional." 37
24. "Las mujeres sufren abuso por parte de sus maridos." 40
ANEXO 1 42
DECRETO NÚMERO 87-2005 42
ANEXO 2 53
Columnas de opinión de Moris Polanco 53
1. Aborto y anticonceptivos 53
2. Entre menos seamos, ¿mejor estaremos? 56
3. Las barbas del vecino 59
4. Datos que van en contra de la creencia popular 62
5. Los anticonceptivos y el desarrollo 65
6. La separación entre Iglesia y Estado 68

PRESENTACIÓN

La ley de acceso universal a métodos anticonceptivos está pendiente de ser sancionada o vetada por el Presidente de la República. No sabemos qué pasará en los próximos días. En cualquier caso, conviene estar preparados, porque si el Presidente la veta, la batalla seguirá en el Congreso.

Es importante poder rebatir los argumentos que se han esgrimido en favor de la ley —o, más bien, de los anticonceptivos, porque muchos de los que escriben a favor ni siquiera han leído la ley—. Con esa intención, presentamos aquí los argumentos que han aparecido en columnas de opinión o en cartas de los lectores en los periódicos, y la respuesta que se les puede dar.

Guatemala, 30 de noviembre de 2005

Con fecha 6 de diciembre de 2005, el Presidente Berger, en Consejo de Ministros, acordó emitir el Acuerdo Gubernativo 642-2005, por medio del cual vetaba la Ley de planificación familiar. Entre las justificaciones que el Presidente de la republica dio para vetar el Decreto 87-2005 estaban las siguientes:

> El Decreto Número 87-2005 omite desarrollar los conceptos básicos en que se fundamenta, tal como "salud sexual" y "salud reproductiva", dando lugar a

particulares interpretaciones que, en la práctica, dificultarán la adecuada aplicación de sus preceptos normativos. Por otra parte, al imponer su observancia en establecimientos de educación primaria y secundaria, así como que entes públicos diseñen la estrategia especial que en tal materia sea destinada a adolescentes, puede resultar inconsistente con el mandato del artículo 73 constitucional, que reconoce el derecho de los padres de familia de elegir la educación que ha de ser impartida a sus hijos menores de edad.

Asimismo, el carácter imperativo de sus principales disposiciones implicará que su aplicación pueda resultar contraria a las diversas concepciones que respecto a la vida humana, la salud sexual, la salud reproductiva y la planificación familiar tienen los diferentes sectores que componen la población de Guatemala, fundamentalmente por su carácter multilingüe, multiétnica y pluricultural, y posiblemente provocará colisión con otros principios constitucionalmente reconocidos.

También se ha determinado que la aplicación de la indicada ley, en particular de las obligaciones contenidas en sus artículos 4, 8 y 20, implica una carga económica para el Estado, sin haberse considerado datos o información que permita prever su impacto presupuestario o la capacidad real de hacer efectivos esos mandatos[1].

Los diputados, contando con una mayoría simple de 99 votos a favor (39 en contra y 20 ausentes), decidieron, sin embargo, ignorar el veto presidencial, con el argumento de que el Decreto había sido

---

[1] Según *Diario de Sesiones del Congreso de la República* del martes 17 de enero de 2006, en
http://www.congreso.gob.gt/gt/orden_del_dia.asp

devuelto al Congreso *antes de reiniciar nuevamente el período ordinario de sesiones*, y decidieron "tener por sancionado el Decreto Número 87-2005" y remitirlo por conducto del Organismo Ejecutivo, para su publicación, al *Diario de Centro América*. Esto sucedió el 31 de enero. Tres días después, el Presidente Berger interpuso una acción de amparo ante la Corte de Constitucionalidad, para justificar su decisión de no enviar el Decreto para su publicación. El lunes 6 de febrero, la Corte amparó provisionalmente al Presidente.

Guatemala, 8 de febrero de 2006.

El Decreto No. 87-2005 fue publicado en el Diario Oficial el 27 de junio de 2006, y el reglamento respectivo el 27 de octubre de 2009, mediante acuerdo gubernativo No. 279-2009.

Guatemala, 24 de febrero de 2014

ARGUMENTOS EN FAVOR DE LA LEY DE ANTICONCEPTIVOS[2] Y CÓMO REBATIRLOS

1. "Que la gente decida."

El argumento en síntesis:

Se supone la ley busca eliminar las barreras para que la gente decida con toda libertad si quiere usar anticonceptivos o no.

La estrategia:

La estrategia consiste en presentar la ley como "liberadora", especialmente para las mujeres. Se busca crear la imagen de que quienes se oponen a la ley, se oponen a la libertad de elección.

Cómo replicar:

¿Y quién ha dicho que la gente no pueda decidir? No existe ninguna prohibición de usar anticonceptivos. La gente es libre de comprarlos y usarlos. Desde luego, hay anticonceptivos que son abortivos (muy probablemente, la mayoría), y nuestra Constitución prohíbe el aborto. Lo cual quiere decir que quienes consumen o prescriben abortivos están violando el

---

[2] Vea el texto de la ley (Decreto 87-2005) en el Anexo 1.

artículo 3 de la Constitución. Si lo que la ley pretende es abolir la penalización del aborto, que lo digan claramente. En todo caso, ninguna ley puede ir en contra de la Constitución, por lo que sería inválida.

2. "No tiene nada de malo tratar de educar a la gente sobre un tema tan importante como este."

El argumento en síntesis:

Se dice que lo que la ley busca es educar a la población, especialmente a los jóvenes, sobre la sexualidad y los anticonceptivos, y que eso nunca puede ser malo. Por lo tanto, la ley es buena.

La estrategia:

Como nadie puede oponerse a la educación, desvían la atención hacia este aspecto. Se intenta mostrar con estadísticas que la educación disminuye los embarazos no deseados y, en consecuencia, la mortalidad materna e infantil. Se busca presentar a quienes se oponen a la ley como retrógrados machistas opuestos a la formación de la juventud.

Cómo replicar:

No distraiga la atención con el tema de la educación. La ley se llama **Ley de Acceso Universal y Equitativo de Servicios de Planificación Familiar y su integración en el Programa Nacional de Salud Sexual y Reproductiva**, y, como su nombre lo indica, su objetivo es que el gobierno garantice el acceso universal a los servicios de planificación familiar.

Desde luego, la educación es importante, pero no debemos olvidar que nuestra Constitución, el artículo 71, "garantiza la libertad de enseñanza y de criterio docente", y el artículo 73 establece claramente que "la familia es fuente de la educación y los padres tienen derecho a escoger la que ha de impartirse a sus hijos menores." Además, el Estado no puede obligar a los centros educativos privados a impartir una educación sexual que vaya contra los principios de los padres de familia que sostienen esos centros, porque estaría violando el artículo 43 de la Constitución, que nos garantiza la libertad de empresa, así como el artículo 5, que garantiza la libertad de acción.

3. "El Estado está buscando atender una demanda insatisfecha."

El argumento:

Se parte del supuesto de que en el país hay muchas mujeres que han manifestado que quisieran usas anticonceptivos, pero que no tienen dinero para adquirirlos. Por lo tanto, se sostiene, el Estado debe proporcionárselos, dado que es un servicio básico de salud al que tienen derecho.

La estrategia:

Se intenta hacer ver que quienes se oponen a la ley, se están oponiendo a un derecho de las mujeres. Se pinta a las mujeres como víctimas de hombres que las embarazan sin su consentimiento. Si pudieran disponer de píldoras, se sostiene, no tendrían que sobrellevar la angustia de un embarazo no deseado.

Cómo replicar:

En primer lugar, la población guatemalteca tiene muchas demandas insatisfechas, y habría que discutir si los anticonceptivos son más importantes que la seguridad o que la adecuada alimentación, o que la educación, por ejemplo. Por otra parte, los anticonceptivos no son un servicio de salud, sino un medio de control natal. El Ministerio de Salud y el IGSS tienen la obligación de proporcionar servicios de salud, lo cual incluye la adecuada atención del embarazo. En el segundo considerando de la ley en cuestión se señala, correctamente, que "el Ministerio de Salud Pública y Asistencia Social debe formular, organizar y dirigir la ejecución de las políticas, planes, programas y proyectos para la entrega de servicios de salud a la población". Abusivamente, se quiere incluir el control natal en el concepto de salud, y para ello se ha acuñado un nuevo término: salud reproductiva. Si nos atenemos al uso correcto de las palabras, 'salud reproductiva' debe interpretarse como el cuidado necesario de salud con vistas a la reproducción, para que ni la madre ni el hijo padezcan enfermedades. Ésa sí es una obligación de los entes públicos de salud.

Por otra parte, se silencia los efectos nocivos para la salud que tienen los anticonceptivos, algunos de los cuales son muy graves; muchos de ellos son cancerígenos. Lo invitamos a leer la lista de efectos secundarios graves que se incluye en la literatura de los anticonceptivos que se distribuyen libremente el país. Misión del Ministerio de Salud debería ser prohibirlos, dado que son dañinos para la salud[3].

4. "Con los anticonceptivos se evitarían los abortos y la mortalidad materna."

El argumento:

Se orienta la atención hacia el aborto. Intentan hacerse pasar por personas preocupadas por el alto índice de abortos y de mortalidad materna, y se presentan los anticonceptivos como la solución.

La estrategia:

Intentan hacer ver que ellos están de nuestra parte, porque están en contra del aborto. Somos nosotros los que no entendemos, o no queremos ver, las ventajas de los anticonceptivos. La iglesia es cruel, porque, por su machismo, no le importa que muchas mujeres mueran.

Cómo replicar:

Las píldoras anticonceptivas son abortivas. La página "The Emergency Contraception Website", de la Universidad de Princeton (http://ec.princeton.edu/mundial/paisquery.asp),

---

[3] Vea, también: "Los anticonceptivos y el desarrollo", en el Anexo 2.

proporcina la siguiente lista de los "anticonceptivos de emergencia" (pildora del día despues) que se "promuven" en Guatemala: Denoval, Neogynon, Nordiol, Ovral, Lo-Femenal, Microgynon, Nordete.

En Argentina, el 12 de noviembre pasado, se emprendió una acción legal contra el Norgestrel Max (que contiene el mismo ingrediente que el Ovral que se distribuye en Guatemala), por que "se pudo comprobar que ese medicamento que se presenta como anticonceptivo es en realidad abortivo" (Diario El Clarín, en http://www.clarin.com/diario/2005/11/12/sociedad/s-06001.htm). Los fabricantes de estos fármacos siempre han aducido que lo único que hacen es evitar la ovulación, pero "cuando la Administración Nacional de Medicamentos, Alimentos y Tecnología Médica (ANMAT) asentó en el 2001 el fármaco Norgestrel Max en el Registro Nacional de Especialidades Medicinales, se describía que tiene como acción "la de evitar la ovulación o la de interrumpir la gestación, impidiendo la implantación de un óvulo ya fecundado" (Ibid.). Los argentinos ya se han dado cuenta de que "la verdadera acción del fármaco vulnera la protección al derecho a la vida otorgada por la Constitución".

En cuanto a la mortalidad materna: si estamos hablando de la causada por los abortos, la solución es sencilla: no abortar.

5. "Son opiniones que no entienden la angustia de una mujer."

El argumento:

Hay tanto rechazo a la ley porque son opiniones de hombres, no de mujeres. Los hombres no podrán nunca entender la angustia que para una mujer representa un embarazo no deseado, ni lo que cuesta parir hijos y mantenerlos.

La estrategia:

Presentar a los que se oponen a la ley como machistas, incapaces de entender a las mujeres. Se quiere hacer ver que la ley busca defender a las mujeres del maltrato de que son víctimas por parte de los hombres. Busca quitarles el peso de embarazos y de hijos no deseados.

Cómo replicar:

Se trata de una falacia *ad misericordiam*: se apela a la piedad: "no hagamos sufrir a las mujeres". Hay que hacer ver que la ley no busca eliminar los sufrimientos propios del embarazo (ninguna ley humana puede hacerlo), sino facilitar los abortos, y el aborto provoca siempre una angustia mayor en la mujer, porque es un crimen atroz.

Por otra parte: ¿es cierto que quienes se oponen a la ley son todos hombres? ¿Tiene alguna encuesta que respalde esa afirmación?

En cuanto al machismo, habría que decir que se combate con educación, no con anticonceptivos.

6. "Ese asunto corresponde exclusivamente a las parejas y no a la Iglesia."

El argumento:

Se argumenta que así como el Estado no puede estar metiéndose en la vida privada de las parejas, tampoco la Iglesia.

La estrategia:

Se intenta hacer ver el asunto como una intromisión indebida de la Iglesia católica en los asuntos del Estado. Se apela al principio del estado laico. Se señala como hipócritas a los sacerdotes, y se traen a colación casos de religiosos inmorales. Se plantea el tema como un caso de lucha del estado y de los laicos contra un supuesto intento de dominación de las conciencias por parte de la Iglesia.

Cómo replicar:

Quienes se han manifestado en contra de la ley lo han hecho como ciudadanos, en legítimo ejercicio del derecho de emisión del pensamiento, garantizado por la Constitución. Allá cada uno con su conciencia, y así como el Estado no puede ni debe meterse en la vida privada de las personas, tampoco los columnistas deben tratar de decirnos como seguir nuestra conciencia. ¿Quién es usted para decirme a mí y a mi esposa(o) lo que debemos o no debemos hacer como pareja?

Por otra parte, no sólo la Iglesia católica está en contra de esta ley, sino también muchas iglesias evangélicas y de otras religiones.

7. "Ya somos muchos; hay que parar la mano en la producción de hijos."

El argumento:

Se sostiene que los recursos son siempre limitados, y que es necesario por ello controlar el crecimiento de la población. De lo contrario, en el futuro habrá más miseria.

La estrategia:

Muy vieja y muy conocida. Se apela al temor a la sobrepoblación. Se ponen ejemplos del tránsito de las ciudades, del desgaste de los suelos, de la violencia común... Se ilustra con fotografías de niños famélicos, etc.

Cómo replicar:

Para aceptar esta tesis es preciso aceptar la validez del supuesto implícito: que entre menos seamos, mejor estaremos[4]. Este supuesto, a su vez, parte de una visión ingenua y falsa de la riqueza: pensar que la misma

---

[4] Vea "Entre menos seamos, ¿mejor estaremos?", en el Anexo 2.

es como un gran pastel que puede ser repartido entre un determinado número de personas. Evidentemente, si esto fuera así, entre menos comensales, mayor sería la porción de pastel que le correspondería a cada uno. Quienes así piensan olvidan o ignoran que la riqueza no "está ahí", sino que es un producto del trabajo y el ingenio humanos.

Los que piensan que limitando o reduciendo el crecimiento de la población embocaremos la senda del desarrollo probablemente se sorprenderán al leer en el *Libro Verde de la Comisión Europea sobre el Envejecimiento Demográfico*, publicado este año, lo siguiente: "**Históricamente jamás se ha visto un crecimiento sin nacimientos**. El aumento de la productividad, especialmente a través del acceso a la formación permanente, y el incremento de la participación en el empleo, sobre todo mediante la creación de un auténtico mercado laboral europeo y una mayor movilidad profesional, son dos instrumentos esenciales para hacer frente a esta situación. Pero además hay otros dos: la natalidad y la inmigración" (http://www.eu.int/comm/employment_social/news/2005/mar/comm2005-94_es.pdf).

El que seamos menos de los que actualmente somos no garantiza que todos vayamos a tener trabajo. Es más: puede muy bien suceder que los maestros, por ejemplo, se queden sin empleo por falta de niños, como está sucediendo en España. Seamos la cantidad de personas que se quiera: lo cierto es que si todos pudiéramos trabajar en libertad, con las adecuadas condiciones de seguridad pública, este país se levantaría en poco tiempo.

8. Los preservativos no son abortivos. ¿Qué tienen de malo?"

El argumento:

Se sostiene que no tiene nada de malo distribuir preservativos. Es más: son beneficiosos, porque sirven para evitar el contagio del sida.

La estrategia:

Se intenta desviar la atención hacia el tema del sida. Cómo no les funciona la del aborto, hablan de condones, y se esfuerzan por mostrar que es ridículo y retrógrado oponerse a su uso y difusión.

Cómo replicar:

No desvíe la atención. La ley habla de todos los métodos anticonceptivos, tradicionales y modernos. Esto puede incluir desde condones, hasta la píldora del día después o cosas más graves aún.

No se trata de una ley encaminada a parar la epidemia del sida, sino a bajar la tasa de natalidad del país. No estamos hablando de sida, sino de nacimientos y anticonceptivos[5].

---

[5] Para una discusión actualizada sobre la lucha contra el sida, vea "Nueva estrategia en la lucha contra el sida", en el Anexo 2.

9. "El rechazo del Vaticano a los derechos sexuales de la mujer no es de índole moral, sino política."

El argumento:

Se sostiene que el tema de la reproducción no es de carácter moral, sino político. Hay tanta oposición a los anticonceptivos, se agrega, porque está en juego la supremacía de la Iglesia Católica.

La estrategia:

De nuevo, desviar la atención hacia el tema político, que, nadie lo duda, es más opinable que el moral. Se busca llevar la discusión hacia ese terreno, porque en la política todo se vale (se dice). Hay que "desenmascarar" las intenciones de "dominación" de los curas y del Papa. La mujer queda atrapada en este juego, y se convierte en instrumento de intereses, porque es la que pare los hijos. Una vez que se ha llevado la atención a ese terreno, es fácil provocar reacciones de rechazo. Nótese que, también, se utiliza un eufemismo para referirse al aborto ("derechos sexuales").

Cómo replicar:

"El león y el ladrón juzgan según su condición". Si a usted le parece un tema político, tal vez sea porque todo lo ve bajo esa óptica. Curiosamente, otra persona que también ve estas cosas con visión política, y que, por lo que parece, no ve con ninguna simpatía a la Iglesia Católica, escribió recientemente: "los anticonceptivos no surgieron para permitir que las mujeres se liberen de la carga que significa la maternidad obligada, sino que se basó en los intereses del gran capital para disminuir el crecimiento poblacional de los países pobres" (Olga Villalta, "El cuco del aborto", en *El Periódico*, 22 de noviembre de 2005, p. 16).

10. "¿Por qué se oponen a que las mujeres usen anticonceptivos? No tienen derecho a hacerlo."

El argumento:

Se dice que quienes se oponen a la ley se oponen a que las mujeres usen anticonceptivos, y que nadie tiene derecho a hacer eso.

La estrategia:

Se dirige la atención a una cuestión de derechos y libertades, y se intenta hacer ver que quienes se oponen a la ley, se oponen al derecho de las mujeres a tomar decisiones libres.

Cómo replicar:

Me opongo a que el Estado utilice los recursos públicos, que proceden de mis impuestos, para difundir políticas de control natal. Me opongo a que el Ministerio de Salud y el IGSS distribuyan fármacos que son gravemente dañinos para la salud de las mujeres, y que son abortivos.

Si algunas mujeres, con plena libertad y conocimiento, quieren usar anticonceptivos, allá ellas. Yo le aconsejaría que no lo hiciera, pero no puedo violentar su conciencia.

Por otra parte, un derecho no necesariamente implica una obligación por parte del Estado. Si bien es cierto que cada quien tiene derecho (al menos, legal) de hacer con su cuerpo lo que quiera, el Estado no tiene la obligación de proporcionarle los medios.

11. "Es injusto traer a la vida a niños que solo vendrán a sufrir."

El argumento:

Brevemente, se sostiene que es mejor evitar que vengan al mundo criaturas que solo van a sufrir. No sería justo para los niños.

La estrategia:

Se desvía la atención del tema del aborto, y se dirige hacia los niños. Se ponen ejemplos de familias numerosas y pobres, con maridos irresponsables o madres solteras. De esta forma, se prepara la conclusión: si solo van a venir a sufrir, es mejor que los niños no vengan al mundo.

Cómo replicar:

¿Y quién es usted para decidir por la vida de los niños? ¿Acaso ha preguntado a los niños de familias pobres si preferirían no haber nacido? ¿Por qué se arroga usted el derecho de decidir por ellos, o por las madres? Por otra parte, ¿quién no sufre en la vida? ¿Puede usted asegurar que si en una familia de diez hijos sólo hubieran nacido cinco, estos cinco serían más felices, o que sufrirían menos?

Siendo consecuentes, y tomando literalmente lo que se dice en el argumento, todas las personas que sufren en la vida deberían culpar a sus padres de su sufrimiento, porque ellos los trajeron a la vida. Tal vez quien expuso este argumento ha sufrido mucho, y hubiera preferido que sus padres no la engendraran, pero no intente tomar revancha con los hijos que aún no han nacido: deje que ellos decidan por sí mismos si la vida merece la pena vivirse o no.

12. "La prevención siempre es mejor."

El argumento:

Se sostiene que prevenir embarazos es mejor que el recurso al aborto.

La estrategia:

Desde luego, por prevención dan a entender anticonceptivos, ocultando el hecho de que son abortivos. Como los abortos que provocan las píldoras "no se ven", contrastan imágenes de una mujer que toma píldoras, con las de una mujer abortando, o con imágenes de abortos. La opinión del público se inclina, entonces, a rechazar la segunda opción, por lo que piensan que no les queda más remedio que aprobar la primera.

Cómo replicar:

Falacia de falsa disyuntiva, que busca poner en la necesidad de elegir entre dos males, ocultando otras opciones.
¿Cuáles son las otras opciones? Los métodos naturales, la fidelidad, la castidad y la abstinencia.

13. "La gente del campo no sabe cómo evitar los embarazos, por eso termina teniendo más niños de los que quisiera."

El argumento:

Se basa en lo que se considera una verdad de hecho: que la gente del campo es ignorante, y que por eso tiene muchos hijos. Si supieran que existen los anticonceptivos, se dice, seguramente los utilizarían. No es justo mantenerlos en la ignorancia.

La estrategia:

Mostrar que la gente que no usa anticonceptivos es por ignorancia. Que la gente de las ciudades, y de los países "adelantados" usa anticonceptivos de manera regular. Si queremos alcanzar los niveles de desarrollo de Estados Unidos, Canadá o Europa, tenemos que hacer lo mismo que ellos hacen: eliminar los prejuicios morales y religiosos. De lo contrario, seguiremos sumidos en el subdesarrollo.

Cómo replicar:

Cualquier mujer sabe cómo se engendran los hijos; para esto no hacen falta clases de anatomía. Y si de dar información se trata, no deberían ocultar que los anticonceptivos son abortivos, y que producen serios daños a la salud de la mujer. Por supuesto, hay que informar: pero esa información tiene que ser completa y verídica. ¿Cree usted que las entidades que se ha pensado que integren la Comisión Nacional de Aseguramiento de Anticonceptivos podrán ser imparciales en este aspecto?

14. "Los que se oponen a la ley lo hacen porque parten de dogmas religiosos."

El argumento:

Sostiene que los que se oponen a la ley lo hacen porque siguen o se basan en dogmas religiosos; por lo tanto, esa oposición es irracional.

La estrategia:

Hacer pasar el debate a la esfera religiosa, y luego mostrar que allí no hay verdades, sino creencias, de las cuales serían ejemplo los dogmas. Luego, se presentan los dogmas como cosa del pasado, retrógrada. El terreno está listo para la conclusión: como la oposición a la ley es por dogma, es una oposición irracional, y por lo tanto, inválida. En consecuencia, la ley es válida. Quienes están del lado de la ciencia y de la razón, la apoyan; quienes están del lado de la religión y de la superstición, la rechazan.

Cómo replicar:

Es cierto: partimos de un dogma: el del valor sagrado de la vida humana. También nuestra Constitución parte de ese dogma, y por eso se escribió el artículo 3, que dice: El Estado protege la vid humana desde el momento de la concepción. Por cierto: también defendemos la vida de los que se oponen a la vida del ser humano más indefenso: el no nacido. No creemos que sea un error que hayan nacido[6].

15. "¿Y si fueran solo preservativos?"

El argumento:

Lo que se sostiene es que si la ley se modificara de manera tal que solamente autorizara la difusión de preservativos (condones), no tendría inconveniente.

La estrategia:

Se utiliza la técnica del regateo. En primera instancia se pide más de lo que la otra parte está dispuesta a aceptar, para luego hacer una rebaja en su demanda. La contraparte tiene que aceptarlo, porque de lo contrario sería vista como intransigente.

---

[6] Vea, también: "La separación entre la Iglesia y el Estado", en el Anexo 2.

Cómo replicar:

También nos oponemos a los preservativos, y más aun, a que el Estado los reparta en forma gratuita. ¿Por qué? Imagínese usted que en una escuela llegan autoridades del Ministerio de Salud a repartir preservativos entre los niños de sexto grado de primaria, o entre adolescentes de secundaria. ¿Qué se suponen que deban hacer los jóvenes con algo que les regalan? La lógica indica: si me lo regalaron, es para usarlo. ¿No cree usted que se está fomentando un ejercicio precoz de la sexualidad?

16. "No se está matando a un ser humano, sino solo eliminando un óvulo fecundado."

El argumento:

Sostiene que, como nadie puede decir si un óvulo fecundado es vida humana o no, lo que provocan los anticonceptivos no es aborto.

La estrategia:

Consiste en hacer que el oyente se haga la imagen mental de un feto y de una célula que ni siquiera se ve a simple vista. Luego plantean el falso dilema: ¿qué prefiere, que las madres aborten, o que no dejen que anide un pequeño óvulo? Además, intentan hacer ver que nadie sabe si ese óvulo fecundado es vida humana o no.

Cómo replicar:

¿Quiere usted decir que usted se hubiera opuesto a que su madre lo abortara cuando tenía siete meses de embarazo, pero que no habría tenido inconveniente en que lo abortara cuando tenía solo unas horas de haber sido concebido? ¿Es que se puede llegar a ser feto sin haber pasado por el estadio de mórula o de óvulo fecundado? ¿Cuándo se forma el ADN (que, según los científicos, es la marca más propia y distintiva de la identidad personal): en el momento de la fecundación, o en el de la anidación?

17. "¿Por qué se oponen a que se eduque a la gente?"

El argumento:

Los que se oponen a la nueva ley, se oponen a que se dé información científica a los adolescentes y a la gente del área rural. El corazón de la ley es la educación.

La estrategia:

Consiste en desviar la atención hacia el tema de la educación, que nadie se atrevería a objetar.

Cómo replicar:

Nadie se opone a la educación, pero lo que la ley pretende es imponer la obligación de dar información sexual a los niños y adolescentes sin siquiera consultar a los padres, lo cual es una clara violación del artículo

73 de nuestra Constitución: "La familia es fuente de la educación y los padres tienen derecho a escoger la que ha de impartirse a sus hijos menores". En cuanto a los mayores, el Estado puede brindar información sobre los anticonceptivos, siempre y cuando ésta sea completa: no oculte que muchos son abortivos, y que todos causan serios daños a la salud.

18. "La ley solo pretende garantizar el derecho de las parejas a tener acceso a los métodos de planificación familiar."

El argumento:

Sostiene que lo que la ley pretende es garantizar un derecho: el derecho a la información y a los métodos de planificación familiar. Cómo la Constitución garantiza el derecho de las parejas a decidir libremente el número de hijos que desean tener, esta ley sólo facilitaría el ejercicio de tal derecho.

La estrategia:

Consiste en hacer ver a la ley como un instrumento para garantizar un derecho protegido por la Constitución. Quienes se oponen la ley, se dice, se oponen a que se ejerza un derecho.

Cómo replicar:

"El artículo 47 de la Constitución Política, denominado Protección a la familia, le adjudica al Estado la función de promover "el derecho de las personas a decidir libremente" el número de hijos y el tiempo entre el nacimiento de un hijo y el del siguiente, o tiempo internatal. Empero, promover ese derecho no equivale a obligar a ejercerlo. La recientemente decretada Ley de Acceso Universal y Equitativo de Servicios de Planificación Familiar, pretende precisamente obligar a ejercer ese derecho. El medio para consumar semejante pretensión son los servicios públicos y privados de salud y de educación.

La pretensión de obligar a ejercer un derecho despoja a ese derecho de la calidad de tal; pues es propio de su naturaleza ser ejercido voluntariamente, y no obligatoriamente. Así, por ejemplo, el derecho de tener casa puede ser o no ser ejercido. Si ejercerlo fuera obligatorio, ya no sería derecho, sino obligación. Es el caso que la ley que nos ocupa pretende que el derecho a elegir libremente el número de hijos y el tiempo internatal, ya no sea un derecho. Entonces ni aún transgrede ese derecho, sino que lo elimina.

Para convertir ese derecho en obligación, es decir, para eliminarlo, la ley transforma al Estado en un poderoso "planificador familiar" que, ansioso de universalidad, debe acosar a todos los ciudadanos, en cualquier lugar; por ejemplo, en hogares, escuelas y hospitales, o en regiones rurales o urbanas, y hasta en solitarios callejones, olvidados terrenos, disimulados moteles y densos matorrales. Y también ansioso de equidad, aquel "planificador familiar" debe perseguir a los pobres, y subsidiarlos para que tengan las mismas opciones de "planificación familiar" que tienen los ricos. (...)

La nueva ley es ilegal, no sólo porque pretende que aquel derecho sea una obligación, sino porque introduce en el Estado una función impropia: la de ser un rector de la paternidad o la maternidad familiar. Esa ilegalidad suministra el fundamento para cometer una futura y más intrépida ilegalidad: la de conferirle al Estado la facultad de autorizar el número de hijos que la familia puede tener, y hasta declarar que es un gravísimo delito exceder el sabio número oficialmente autorizado." (Luis Enrique Pérez, "Estado, ley y familia", *Siglo XXI*, 26 de Noviembre de 2005)

19. "Es un problema de salud pública."

El argumento:

Sostiene que el la mortalidad materno-infantil es un grave problema de salud pública y que, como tal, el gobierno tiene que intervenir, dado que es obligación suya el velar por la salud de todos los guatemaltecos. Agrega que la medida más eficaz para disminuir la alta mortalidad materno-infantil es disminuir, a su vez, la tasa de natalidad.

La estrategia:

Dirigen la atención a los alarmantes datos de muertes de mujeres y de infantes. Dicen no estar en contra de los métodos naturales, si estos funcionaran; pero dado que es un problema que requiere atención urgente, el Estado debe tomar medidas proporcionadas, es decir: reducir drásticamente la tasa de natalidad.

Cómo replicar:

El Estado no puede arrogarse el derecho de diseñar una política de control natal, aun cuando sea con vistas a la reducción de la mortalidad materna e infantil, porque estaría atentando contra "el derecho de las personas a decidir libremente el número y espaciamiento de sus hijos" (artículo 47 de la Constitución). Por otra parte, la causa de las muertes de madres e infantes no son los nacimientos, sino la pobreza. El combate de la pobreza, empero, no compete al Ministerio de Salud.

"El Gobierno no debe intervenir a favor de una postura, otorgar subsidios o privilegios, ni formular una política de control de la natalidad o la población. No estoy de acuerdo con que todos los contribuyentes, inclusive en contra de nuestras convicciones, financiemos los gastos de funcionamiento de una Comisión Nacional de Aseguramiento de Anticonceptivos (CNAA), onerosas campañas publicitarias y la compra y la distribución de métodos anticonceptivos artificiales, muchos de los cuales son abortivos en su funcionamiento" (Carroll Ríos de Rodríguez, *Siglo XXI*, 24-11-05).

20. "Es bonita la castidad, pero no funciona. La gente seguirá teniendo relaciones."

El argumento:

Sostiene que, aunque lo mejor sería la abstinencia, es un hecho que la gente no la practica. Por lo tanto, la población seguirá aumentando por encima de la tasa de crecimiento económico y las enfermedades como el sida se seguirán propagando.

La estrategia:

Intentan hacer ver que la castidad es un ideal irrealizable. La difusión del sida prueba, para ellos, que la gente no se abstendrá de tener relaciones sexuales.

Cómo replicar:

Nadie ha dicho que el sexo sea malo, o que la castidad consista en no tener relaciones sexuales. Diferente es la castidad de los casados que de los solteros. Lo malo no es tener relaciones sexuales (el sexo es una realidad maravillosa, dentro del matrimonio), sino el ejercicio irresponsable del mismo (fuera del matrimonio). El sida no se combate con condones, sino con fidelidad. "De hecho, los países africanos con índices mayores de quienes usan preservativo y con preservativos disponibles, Zimbabwe y Bostwana (37% de la población adulta infectada), también encabezan la lista de mayores índices de infección de VIH"[7], mientras que en países como Uganda, donde se ha hecho una campaña en favor de la castidad y de la abstinencia, la proporción de adultos infectados con VIH es del 4%. Edward Green, científico investigador del Centro de Estudios de Población y Desarrollo de Harvard y miembro del comité consultivo sobre VIH/Sida del Presidente de Estados Unidos, ha dicho que "con demasiada frecuencia los expertos extranjeros llegan para imponer sólo campañas que ignoran los benefi-

---

[7] http://www.fluvium.org/textos/sexualidad/sex125.htm

cios de los cambios de comportamiento, prefiriendo confiar en la distribución de preservativos"[8].

Por otra parte, cuando afirman que hay que dar anticonceptivos a los pobres y a los adolescentes, porque estos no saben controlarse, dejan ver el pobre concepto que tienen de los guatemaltecos. "¿O es que los señores diputados, y las fervientes feministas que los apoyan, piensan que la población guatemalteca, al igual que el ganado, es incapaz de dominar su más primario y burdo instinto? (...) Sigue sorprendiéndome la extraña lógica que impera en los argumentos a favor de la ley, por la idea tan pobre que refleja del ser humano. ¿No es contradictorio que esperemos que nuestros jóvenes sean capaces de abstenerse de dormir si hay que trabajar o estudiar, de abstenerse de fumar y tomar por conservar la salud, de abstenerse de ver televisión si hay que estudiar, y no sea posible hablarles de abstinencia en la sexualidad? ¿Vamos comprendiendo por qué esta ley rebaja tanto la dignidad de la persona humana?" (Cecilia Echeverría, "Invectivas en la prensa", *Siglo XXI*, 29 de noviembre de 2005). Emitir leyes que presuponen que la castidad es imposible solamente anima a los jóvenes a llevar una vida desenfrenada.

21. "Es preferible un condón usado que un bebé asesinado."

El argumento:

---

[8] Mismo lugar.

Sostiene que la mejor manera de evitar el alto número de abortos, niños asesinados o maltratados, es distribuir anticonceptivos. Es el argumento que está en el fondo de artículos como el siguiente:

> Óscar tiene once años y trabaja en el basurero de El Tejar en Chimaltenango. El viernes pasado mientras recogía plástico se topó con una bolsa que contenía el cadáver de un bebé de nueve meses que murió, según el juez de turno, por múltiples golpes en la espalda y los brazos. Además, su pequeño cuerpecito tenía numerosas heridas de arma blanca.
> En lo que va del año, hemos leído por lo menos de diez casos más de bebés que son asesinados y luego abandonados en ríos de aguas negras, en basureros, rellenos sanitarios e incluso en camionetas urbanas.
> La mayoría de estos chiquititos ni siquiera llegaron a tener un nombre y su corto paso por la tierra fue de puro terror. Vinieron a este mundo a comer literalmente mierda y sus muertes parecen no preocuparle a muchos. (...)
> La llamada Ley de Libre Acceso a la Planificación Familiar ha puesto a los defensores de la doble moral, la hipocresía, la estrechez de mente y la estupidez a repetir brillantes teorías morales tan jaladas como la que tacha de asesinos a todos los que desayunan huevo revuelto. (Lucía Escobar, "Moralina anticondón", *El Periódico*, 30 de noviembre de 2005)

La estrategia:

Apela al sentido común y a la falsa disyuntiva: ¿qué prefiere: un bebé asesinado o un condón usado?

Cómo responder:

En primer lugar, hay que hacer ver que se trata de una falta disyuntiva: no hay por qué elegir entre uno de los términos (bebé asesinado o condón usado).

En segundo lugar, se da por supuesto que repartir condones o anticonceptivos disminuirá la tasa de abortos y de maltrato infantil. Sin embargo, es fácil probar que en los países donde más abortos se practican, la distribución de anticonceptivos es libre o incluso gratuita[9]. Por el contrario, difícilmente puede encontrarse algún caso en el mundo en que los abortos y el maltrato infantil hayan disminuido como consecuencia del uso o de la distribución masiva de anticonceptivos.

22. "El Estado tiene la obligación de velar por la salud de los ciudadanos."

El argumento:

Afirma que es obligación del Estado velar por la salud de todos los ciudadanos, especialmente de aquellos que no tienen acceso a los medicamentos y demás servicios de salud. Los anticonceptivos son medicamentos (se distribuyen en las farmacias), y como tales, el Ministerio de Salud y el IGSS deben estar en la capacidad de proporcionarlos a quienes los requieran.

La estrategia:

Consiste en comparar los anticonceptivos con las medicinas, para luego hacer ver que, como cualquier medicina, debe estar a disposición de los usuarios de los servicios públicos de salud.

---

[9] Véase "Anticonceptivos y aborto", en el Anexo 2.

Cómo responder:

Los anticonceptivos no son medicinas, simplemente porque el embarazo no es una enfermedad:

> "el embarazo, no por llamarse embarazo es una enfermedad. Es común oír en nuestro medio, especialmente en el área rural, cuando ven a una señora embarazada, que la señora está 'enferma', que '¿cuándo se compone?'. Ni la señora está enferma ni está descompuesta. Porque es una persona normal, cuya capacidad reproductiva funciona de manera sana y correcta, es por lo cual ha sido capaz de concebir una nueva vida. Es esta facultad de concebir la que directamente se ataca con los anticonceptivos. Mas que hablar de una mujer embarazada, deberíamos hablar de una mujer en estado de gestación, porque en su vientre se está gestando una nueva vida. El hecho que se vendan en farmacias no da a los anticonceptivos carácter de 'medicamentos', puesto que no son medicinas destinadas a restituir la salud, sino drogas que se utilizan para evitar el normal desarrollo de la función reproductora del ser humano" (Mario Roberto Ríos Castillo, comunicación personal, 30 de noviembre de 2005).

> "La fertilidad no es una enfermedad ni un mal social, por lo que Guatemala merece algo más inteligente que la oficial castración bioquímica y fisiológica de sus mujeres. Para los gobernantes es mucho más sencillo aprobar otra estéril ley que tener que reconocer con hidalguía su incapacidad política en la erradicación de la ignorancia, la insalubridad y la pobreza" (Rodrigo Castillo Del Carmen, *Prensa Libre*, 25-11-05).

23. "Usar anticonceptivos es algo racional."

El argumento:

Este argumento se puede poner en forma de silogismo: 1) El hombre es un ser racional; 2) La racionalidad implica crear medios, o hacer uso de medios, que nos liberen de los condicionamientos naturales; 3) Los anticonceptivos liberan a las mujeres de la dependencia de la biología (un condicionamiento natural); 4) Por tanto, usar anticonceptivos es algo acorde con la racionalidad del ser humano.

La estrategia:

Consiste en hacer creer que usar anticonceptivos no solamente es racional, sino natural. Se busca hacer ver que los anticonceptivos son un producto del progreso de la ciencia, y que quienes se oponen a ellos, se oponen a la ciencia, y que, por lo tanto, tienen mentalidad "medieval". Buscan que se les identifique como los adalides del progreso científico y de la racionalidad moderna, que tantos beneficios ha otorgado a la humanidad.

Cómo responder:

Formalmente, el argumento es correcto, pero materialmente, todo depende de que se acepte la validez de la segunda premisa. En efecto: no es necesariamente cierto que la racionalidad consista en "crear medios, o hacer uso de medios, que nos liberen de los condicionamientos naturales", como el argumento sostiene. Todo depende de cómo se entiendan dos conceptos: "liberación" y "condicionamientos naturales". Aun suponiendo que en este caso ambas partes estemos de acuerdo en que es conveniente y racional la eliminación de dependencias biológicas, queda aún pendiente el problema de los medios. ¿Es que no es también racional el dominio de las tendencias por medio de lo que tradicionalmente se ha llamado 'virtud'?

Aquí se abren dos caminos: el moderno, que intenta hacer superflua la virtud por medio de la ciencia, y el que podríamos llamar "clásico", por referencia al modelo antropológico griego y romano. Éste último, que no desprecia en lo absoluto los métodos técnicos, no pone su confianza en ellos, porque sabe que el precio es muy alto: el olvido del cultivo de la virtud, de la fuerza espiritual que es común a todos los seres humanos. Esta vía considera que no sólo es ingenuo, sino impropio de la dignidad de la persona humana, confiar a los medios técnicos la solución de problemas humanos; esa visión implica una falta de confianza en la fuerza del espíritu y, en el fondo, un desprecio de lo corpóreo y material, que se busca aniquilar. La visión clásica aspira lograr, por medio de la educación de la voluntad, la unidad del cuerpo y del alma. Nadie ha dicho que sea una tarea fácil, y por ello es necesaria la educación. Ahora bien: si la educación —como es el caso de la educación moderna— se desentiende de la formación del carácter y se centra en la transmisión de información, de conocimientos o, incluso, de habilidades, la tarea se hará muy difícil. La solución no consiste, empero, en buscar resolver problemas básicamente humanos (propios del dignidad de cada persona humana) con métodos apropiados para los animales. A los animales sí se les puede esterilizar, porque no tienen dominio de su biología. Pero nosotros debemos confiar, precisamente, en que podemos distinguirnos de los animales, no por la vía fácil, que es a lo que los anticonceptivos invitan, sino por la vía humana: la del cultivo de la virtud.

Decía alguien en un debate reciente sobre este problema: "yo no creo en la abstinencia, porque somos humanos". A esto se puede, simplemente, responder: "precisamente porque somos humanos, debemos creer en la virtud". El costo de confiar la solución del problema del dominio de nuestras tendencias biológicas a la ciencia es muy alto: abdicar de nuestra humanidad. La vía moderna ha puesto su confianza en la ciencia, pero llevamos muchos años esperando lo que la ciencia no puede dar: la auténtica libertad, que consiste, no en suprimir las consecuencias de las tendencias desordenadas, sino en el dominio sobre ellas. Por lo demás, está comprobado que esta busca de soluciones "técnicas y fáciles" trae otros efectos: deterioro de la salud física y psíquica, descomposición familiar, violencia, falta de respeto a la mujer, y muchos más.

24. "Las mujeres sufren abuso por parte de sus maridos."

El argumento:

Sostiene que los anticonceptivos son un arma que las mujeres pueden emplear para no quedar embarazadas contra su voluntad.

La estrategia:

Consiste en poner el énfasis en el machismo y en el maltrato que sufren las mujeres, sobre todo del área rural (innegable, muchas veces). Ante situaciones de abuso (maridos borrachos e irresponsables), el único medio que tiene la mujer para defenderse —se sostiene— es tomar anticonceptivos. Así, al menos no tendrán que cargar con la responsabilidad no buscada de engendrar y criar hijos.

Cómo responder:

Se puede hacer ver que el mejor medio para terminar con el abuso en contra de las mujeres es la educación de los hombres: combatir la causa, no los efectos. Es más: si los hombres saben que las mujeres usan anticonceptivos es más probable que se sientan inclinados a abusar de ellas, que si supieran que pueden quedar embarazadas.

ANEXO 1

DECRETO NÚMERO 87-2005

EL CONGRESO DE LA REPÚBLICA DE GUATEMALA

CONSIDERANDO:

Que la Constitución Política de la República de Guatemala, en el artículo 47 establece que se garantizarán la protección social, económica y jurídica de la familia, promoviendo la igualdad de derechos de los cónyuges, la paternidad responsable y el derecho de las personas a decidir libremente el número y espaciamiento de sus hijos.

CONSIDERANDO:

Que el Código de Salud, Decreto Número 90-97 del Congreso de la República, en el artículo 9 establece, que el Ministerio de Salud Pública y Asistencia Social debe formular, organizar y dirigir la ejecución de las políticas, planes, programas y proyectos para la entrega de servicios de salud a la población.

CONSIDERANDO:

Que la Ley de Desarrollo Social, Decreto Número 42-2001 del Congreso de la República, en los artículos 25 y 26 contempla la implementación de un programa que conlleve entre otros aspectos, la capacidad de las personas de disfrutar de una vida sexual plena, responsable y con libertad para elegir el número de hijos y decidir el momento y frecuencia de los embarazos.

CONSIDERANDO:

Que se debe asegurar la sostenibilidad del componente de planificación familiar dentro del Programa de Salud Reproductiva, para garantizar el abastecimiento de métodos de alta calidad para el espaciamiento de embarazos en todos los servicios públicos de salud, incluyendo el Instituto Guatemalteco de Seguridad Social y organizaciones privadas que trabajen o implemente programas que provean servicios básicos a la población.

POR TANTO:

En ejercicio de las atribuciones que le confiere el artículo 171, literal a) de la Constitución Política de la República de Guatemala,

DECRETA:

Lo siguiente:

"Ley de Acceso Universal y Equitativo de Servicios de Planificación Familiar y su integración en el Programa Nacional de Salud Sexual y Reproductiva"

CAPÍTULO I

DISPOSICIONES GENERALES

Artículo 1. Objeto. La presente ley tiene como objeto asegurar el acceso de la población a los servicios de planificación familiar, que conlleve la información, consejería, educación sobre salud sexual y reproductiva a las personas y provisión de métodos de planificación familiar. Además establecer mecanismos dirigidos a la consecución de nuevas fuentes de financiamiento local, reduciendo la dependencia histórica de los servicios de planificación familiar de donantes internacionales.

Artículo 2. Observancia. Las disposiciones de la presente Ley deben ser aplicadas en el ámbito nacional en todos los establecimientos de educación primaria y secundaria, y en todos los establecimientos de la red pública de salud, incluyendo el Instituto Guatemalteco de Seguridad Social, en adelante denominado IGSS, entidades privadas y las ONG's que presten servicios básicos de salud en el primer nivel de atención.

Artículo 3. Destinatarios/as. Son destinatarios de la presente ley, la población en general, especialmente las mujeres, adolescentes, parejas y hombres del área rural, que no tengan acceso a servicios básicos de salud, promoviéndose y asegurándose el acceso equitativo de servicios de planificación familiar.

CAPÍTULO II

ACCESO DE LA POBLACIÓN A SERVICIOS DE PLANIFICACIÓN FAMILIAR

Artículo 4. Acceso Universal. El Ministerio de Salud Pública y Asistencia Social, en adelante denominado "el MSPAS", el IGSS y otras entidades públicas y privadas del sector salud, deben garantizar el mantener en forma sostenible todos los métodos modernos de espaciamiento de embarazos en los establecimientos de la red pública de salud, que permita responder adecuadamente a la demanda de la población y asegure el acceso universal a dichos métodos.

Artículo 5. Necesidades no satisfechas. El MSPAS en coordinación con el IGSS y otras instituciones sectoriales que proveen servicios de planificación familiar, deberá estimar la demanda insatisfecha de la población con información proveniente de encuestas nacionales y estudios específicos realizados. Lo anterior debe permitir la definición de estrategias operativas que garanticen la oferta de servicios de planificación familiar para la población de mayor postergación.

Artículo 6. Acceso geográfico. El MSPAS debe asegurar que en los lugares de difícil acceso en donde no existan establecimientos tradicionales de salud, las organizaciones no gubernamentales –ONG's– que hayan suscrito convenios de previsión del conjunto básico de salud, sean las responsables de proveer los métodos de planificación familiar a usuarias y usuarios que vivan en el área de influencia de dichas organizaciones. Además, el Ministerio de Educación y los demás entes deben realizar actividades de información, educación y comunicación en este campo.

Artículo 7. Acceso funcional. El MSPAS, el IGSS y otras entidades públicas y privadas del sector salud, deben proveer los servicios de planificación familiar a través de la oferta de la gama de métodos tradicionales y modernos de espaciamiento de embarazos, asegurando que los y las proveedores tengan las competencias técnicas para prestar servicios de calidad y calidez y cuenten con el equipo e insumos de acuerdo a la normativa establecida por el MSPAS.

Artículo 8. Atención integral. El MSPAS y el IGSS deben asegurar que los servicios de planificación familiar se integren a otros componentes de atención del Programa de Salud Reproductiva, tales como atención prenatal, post parto y puerperio, detección de cáncer cérvico uterino y de mama, pruebas para enfermedades de transmisión sexual y prevención de la osteoporosis. Esta disposición contribuirá a disminuir las oportunidades pérdidas (sic) de servicios de planificación familiar, reduciendo la demanda insatisfecha de planificación familiar y contribuyendo directamente en la disminución de mortalidad materno-infantil.

Artículo 9. Estrategia especial para adolescentes. El Ministerio de Educación, el MSPAS y el IGSS en coordinación con otras organizaciones públicas y privadas, diseñarán una estrategia que asegure la provisión de servicios integrales y diferenciados para los y las adolescentes, estableciendo mecanismos que faciliten la articulación e integración con otros sectores, entre ellos, el Ministerio de Educación y el Vice-Ministerio de Cultura y Deportes, promoviendo el enfoque de derechos y responsabilidades.

CAPÍTULO III

COMUNICACIÓN PARA EL CAMBIO DE COMPORTAMIENTO

Artículo 10. Formación Integral del Adolescente. El MSPAS en coordinación con el Ministerio de Educación y otras organizaciones públicas y privadas sectoriales deben incluir en la curricula de formación contenidos sobre derechos y responsabilidades para la promoción y auto cuidado de la salud, sexualidad y el embarazo precoz y no deseado, como factores de riesgo que contribuyen y afectan la morbimortalidad materno infantil.

Artículo 11. Decisión libre e informada. El MSPAS como rector de la salud debe garantizar que las usuarias y usuarios de métodos tradicionales y modernos de espaciamiento de los embarazos en los establecimientos de salud, reciban la consejería completa que las ayude a seleccionar el método más adecuado, asegurando la disponibilidad del método elegido por la usuaria o usuario. Ninguna persona podrá ser obligada a utilizar ningún método tradicional o moderno de espaciamiento de los embarazos y es punible la coacción que pueda ejercerse en tal sentido.

Artículo 12. Competencia técnica de los proveedores. El MSPAS debe instituir un programa de desarrollo profesional para fortalecer las competencias técnicas de los y las proveedoras, para asegurar que conozcan y apliquen los criterios de elegibilidad de todos los métodos de espaciamiento de embarazos de acuerdo a normas internacionales, con el fin de eliminar las barreras médicas a la planificación familiar.

Artículo 13. Consejería. El MSPAS, el IGSS y otras organizaciones públicas y privadas que brinden servicios de planificación familiar a la población, deben asegurar que el personal responsable, desarrolle la consejería personalizada en un ambiente que garantice la privacidad del usuario o usuaria, y en ningún caso inducirán ni coaccionarán a las personas a utilizar métodos en contra de su voluntad.

Artículo 14. Calidad de la consejería. El MSPAS, el IGSS y otras organizaciones públicas y privadas deben contar con conocimientos, habilidades y destrezas para desarrollar la consejería, además contar con material educativo de apoyo, para facilitar la comprensión de la población de acuerdo al contexto sociocultural.

Artículo 15. Comunicación y difusión. El MSPAS, el IGSS en coordinación con otras organizaciones públicas y privadas sectoriales vinculadas con la prestación de servicios de planificación familiar, deben realizar campañas masivas de información y comunicación dirigidas a la población en general, sobre los métodos tradicionales y modernos de planificación familiar, sus ventajas, desventajas y lugares de abastecimiento, tomando en cuenta el contexto sociocultural y educativo de las mismas. Debe informarse además acerca de los factores de riesgo relacionados con los embarazos no deseados y embarazos en ambos extremos de la vida fértil de la mujer, multiparidad, período intergenésico y su contribución al incremento de la tasa de morbimortalidad materna y el impacto socioeconómico en la población.

Artículo 16. Monitoreo y disminución de barreras médicas. El MSPAS en coordinación con el IGSS y otras organizaciones públicas y privadas diseñará, validará e implementará herramientas para monitorear la prestación de servicios de planificación familiar y su integración al programa de salud reproductiva, asegurando que puedan incorporarse indicadores que permitan monitorear y evaluar la disminución de las barreras médicas.

CAPÍTULO IV

ASEGURAMIENTO PARA LA PROVISIÓN DE MÉTODOS MODERNOS DE PLANFICACIÓN FAMILIAR

Artículo 17. Comisión de Aseguramiento. Se crea la Comisión Nacional de Aseguramiento de Anticonceptivos, en adelante denominada CNAA, que tendrá como objeto velar por la disponibilidad de anticonceptivos para garantizar el acceso de la población guatemalteca a servicios de Planificación Familiar.

Artículo 18. Conformación de la comisión. La CNAA estará integrada por un representante de las siguientes instituciones públicas y privadas: El Ministerio de Educación, El Ministerio de Salud Pública y Asistencia Social,El Ministerio de Finanzas Públicas,

Instituto Guatemalteco de Seguridad Social –IGSS–, Asociación Pro Bienestar Familiar –APROFAM–, Secretaría Presidencial de la Mujer, Asociación Guatemalteca de Mujeres Médicas –AGMM–, Instancia de Acciones Políticas por la Salud y el Desarrollo de las Mujeres; Defensoría de la Mujer indígena – DEMI– El funcionamiento de la comisión CNAA quedará establecido en el reglamento respectivo.

Artículo 19. Responsabilidad de la comisión. La Comisión de aseguramiento de la provisión de métodos modernos tendrá además de las que se indiquen en el reglamento, las siguientes responsabilidades: Velar por la disponibilidad de fondos, especialmente del sector público para la compra de anticonceptivos, a través de procesos de diálogo y abogacía con los diferentes actores que inciden en la asignación de recursos financieros e identificación de diversas fuentes de financiamiento, particularmente para las instituciones del estado. Formulación de estrategias y mecanismos para acceder a precios competitivos en el mercado internacional y la compra a escala de métodos modernos de planificación familiar. Velar para que las instituciones que forman parte de la Comisión, definan y compartan políticas y estrategias en materia de logística de anticonceptivos.

Artículo 20. Abastecimiento de métodos de Espaciamiento de embarazos. El MSPAS, el IGSS y las instituciones públicas y privadas que brindan servicios de salud deberán asegurar el abastecimiento y provisión de métodos modernos de espaciamiento de embarazos en todos los establecimientos de la red pública y organizaciones privadas.

Artículo 21. Asignación presupuestaria. El MSPAS deberá establecer en el presupuesto general de ingresos y gastos, una partida presupuestaria específica para la implementación de métodos anticonceptivos, que garantice la demanda de la población guatemalteca. Deben ser incorporados además a dicho presupuesto los fondos provenientes de lo preceptuado en el Decreto Número 21-04, artículo 25 del Congreso de la República de Guatemala.

CAPÍTULO V

DISPOSICIONES FINALES Y TRANSITORIAS

Artículo 22. Integración. Los principios y preceptos de esta Ley formarán parte del instrumental técnico jurídico de la Reforma del Sector Salud, atendiendo a la importancia que representan para la extensión de cobertura de los servicios de salud.

Artículo 23. Reglamento. El Organismo Ejecutivo emitirá y publicará el Reglamento de la presente Ley, dentro de los sesenta días siguientes a la vigencia de la misma.

Artículo 24. Derogatoria. Se derogan todas aquellas disposiciones de igual o inferior jerarquía que se opongan a lo preceptuado en la presente Ley.

Artículo 25. Vigencia. El presente decreto entrará en vigor ocho días después de su publicación en el Diario Oficial.

REMÍTASE AL ORGANISMO EJECUTIVO PARA SU SANCIÓN, PROMULGACIÓN Y PUBLICACIÓN.

EMITIDO EN EL PALACIO DEL ORGANISMO LEGISLATIVO, EN LA CIUDAD DE GUATEMALA, EL DIECISÉIS DE NOVIEMBRE DE DOS MIL CINCO.

Jorge Méndez Herbruger
Presidente

Luis Fernando Pérez Martínez
Secretario

Carlos Alberto Solórzano Rivera
Secretario

ANEXO 2

Columnas de opinión de Moris Polanco

1. Aborto y anticonceptivos

Según datos del *Alan Guttmacher Institute*, publicados en *Women's Issues* (http://womensissues.about.com/cs/abortionstats/a/aaabortionstats.htm, consultada el 30 de noviembre de 2005), el 54% de las mujeres que abortaron en los Estados Unidos en 2004 manifestaron haber usado algún tipo de anticonceptivo durante el mes en que quedaron embarazadas, mientras que el 8% de las que abortaron aseguraron no haber usado nunca anticonceptivos. ¿Qué hace suponer, entonces, que repartir anticonceptivos disminuirá los abortos en nuestro país? ¿Acaso la evidencia no apunta a lo contrario: que usar anticonceptivos provoca más abortos? La razón de esta aparente paradoja es muy sencilla: la mujer que habitualmente utiliza anticonceptivos no quiere quedar embarazada, y cuando, por algún fallo del método, queda embarazada, lo más lógico es pensar que recurrirá al aborto. Si se estimula el uso de anticonceptivos, se está transmitiendo el mensaje de que el sexo es "seguro" (es decir: que no provocará embarazos —obsérvese que el embarazo se ve como una enfermedad de la que hay que librarse—), con lo que se va creando una cultura que valora más el placer personal que la vida. Por el contrario, si, como ha sido tradicionalmente aceptado en nuestra cultura, se enseña a los jóvenes que el acto sexual normalmente va unido a la procreación y que, por lo tanto, toda unión sexual debe ser practicada con responsabilidad, los abortos tienden a disminuir. ¿Por qué? Porque habrá menos uniones sexuales irresponsables, o bien, porque se aceptará la vida engendrada, dado que era algo que podía esperarse.

Otros datos interesantes, tomado del *Alan Guttmacher Institue* (que, por cierto, es abiertamente "pro choice"): la proporción de mujeres que utilizan anticonceptivos en los Estados Unidos prácticamente se ha duplicado, pasando el 43% en los años 70, al 79% en el período 1999-2002. Si comparamos estos datos con los del aborto, lo que se dijo arriba queda aun más claro: mientras en 1973 hubo un estimado de 774,600 abortos, actualmente la cifra se estima en 1 millón 370,00. ¿No significa esto que es una falacia que el uso generalizado de anticonceptivos disminuya los abortos?

La misma fuente informa que la anticoncepción de emergencia (la píldora que se toma 72 horas después de una unión sexual no deseada) ha sido, probablemente, la causa del notable descenso de la tasa de abortos (43%) entre 1994 y 2000. Ahora bien, si advertimos que esas píldoras realmente son abortivas (impiden la anidación del gameto el útero materno), entonces resulta que la tasa de aborto ha aumentado en un 43%[10].

---

[10] El 9 de diciembre de 2005, la presidenta del *Reproductive Health Technologies Project*, Kirsten Moore, reconoció que el fácil acceso a la píldora del día siguiente no ha disminuido el número de embarazos ni abortos. Moore indicó que "los expertos habían estimado que veríamos un descenso a la mitad en las tasas de embara-

Un estudio muy interesante, titulado "Correlation", y disponible en www.ucd.ie/economic/staff/mkelly/stats/Correlation.pdf, señala que "en Irlanda, la anticoncepción y el aborto han aumentado conjuntamente". Muy prudentemente, agrega que "probablemente, esto no significa que la mayor disponibilidad de anticonceptivos incrementa las tasas de aborto, sino que ambas variables reflejan cambios en los patrones de comportamiento sexual". Entonces, si queremos detener los abortos, tratemos de incidir en los patrones de comportamiento, pero con valores, no con anticonceptivos. Está claro que si se adopta la estrategia de repartir condones en las escuelas, lo menos que esta política hará es fomentar el uso responsable de la sexualidad. ¿Qué cree usted que hará un adolescente que no conoce los condones, y que de pronto recibe una caja de condones cortesía del Ministerio de Educación? Lo más probable es que piense que piense: "si me lo regalaron, hay que probarlos". No importa que la distribución se acompañe con un programa de "educación" (con un manual de uso); el hecho es que se está transmitiendo un mensaje equivocado: que el sexo es para el placer y que los embarazos son malos. ¿No sería mejor, en cambio, enseñar que el sexo se vive dentro del matrimonio, y que su fruto más precioso es la vida, que une más a la pareja.

---

zos no deseados y abortos. Y el hecho es que, en realidad, no estamos viendo ese resultado, tampoco un aumento". De manera que los datos de este lustro desautorizan los del anterior. (Fuente: www.fluvium.org).

2. Entre menos seamos, ¿mejor estaremos?

En los días pasados, algunos columnistas se han manifestado a favor de la nueva ley de acceso universal a los servicios de planificación familiar, argumentando que será beneficiosa para el país porque contribuirá a disminuir el número de nacimientos. Para aceptar esta tesis es preciso aceptar la validez del supuesto implícito: que entre menos seamos, mejor estaremos. Este supuesto, a su vez, parte de una visión ingenua y falsa de la riqueza: pensar que la misma es como un gran pastel que puede ser repartido entre un determinado número de personas. Evidentemente, si esto fuera así, entre menos comensales, mayor sería la porción de pastel que le correspondería a cada uno. Quienes así piensan olvidan o ignoran que la riqueza no "está ahí", sino que es un producto del trabajo y el ingenio humanos.

Quienes creen que limitando o reduciendo el crecimiento de la población embocaremos la senda del desarrollo probablemente se sorprenderán al leer en el *Libro Verde de la Comisión Europea sobre el Envejecimiento Demográfico*, publicado este año, lo siguiente: "**Históricamente jamás se ha visto un crecimiento sin nacimientos**. El aumento de la productividad, especialmente a través del acceso a la formación permanente, y el incremento de la participación en el empleo, sobre todo mediante la creación de un auténtico mercado laboral europeo y una mayor movilidad profesional, son dos instrumentos esenciales para hacer frente a esta situación. Pero además hay otros dos: la natalidad y la inmigración" (http://www.eu.int/comm/employment_social/news/2005/mar/comm2005-94_es.pdf; negrita añadida).

No puede ser que los diputados sean tan ciegos como para no ver que la riqueza la produce la gente. Lo que ellos tienen que hacer —limitarse a hacer— es legislar para crear las condiciones que permitan que todo el potencial humano de nuestro país se aproveche. El que seamos menos de los que actualmente somos no garantiza que todos vayamos a tener trabajo. Es más: puede muy bien suceder que los maestros, por ejemplo, se queden sin empleo por falta de niños, como está sucediendo en España. Seamos la cantidad de personas que se quiera: lo cierto es que si todos pudiéramos trabajar en libertad, con las adecuadas condiciones de seguridad pública, este país se levantaría en poco tiempo.

Economía, población y desarrollo se relacionan de maneras muy complejas. Lo mejor que el Estado puede hacer es no meterse a diseñar políticas de control de la tasa de nacimientos. La población humana no se controla de la misma manera que se controla la producción de ganado. El hecho de que algunos países sí lo hagan (por ejemplo, China) no habla a favor del control natal, sino en contra de esos regímenes totalitarios. Por otra parte, todos los países que implementan políticas de reducción de la población tarde o temprano pagan el precio: desequilibrios profundos de la pirámide poblacional que llevan al traste sus programas de previsión social y causan serios trastornos en la composición de la población (por la inmigración) y en la economía. Como dice el citado Libro Verde: "el envejecimiento podría hacer que el «crecimiento potencial» anual del PNB en Europa pase del 2-2,25 % actual al 1,25 % en 2040, lo que afectaría también al espíritu de empresa y de iniciativa de nuestra sociedad". Aprendamos la lección: el regalo que los padres de hoy quieren hacer a sus hijos, privándolos de hermanos, puede significar una carga insoportable para ellos cuando sean mayores. Que no nos sorprenda, entonces, que lleguen a proponer la eutanasia de los ancianos (es decir: nosotros, los padres de ahora). (Diario *La Hora*, 2 de diciembre de 2005)

3. Las barbas del vecino

"Cuando veas las barbas de tu vecino recortar, pon las tuyas a remojar", dice el refrán. En este caso, el vecino al que me refiero es México, y las barbas son las leyes que intentan abolir la patria potestad y redefinir el embarazo. Leo en una noticia reciente que "Las Comisiones de Salud y de Equidad y Género de la Cámara de Diputados de México acaban de aprobar el dictamen de reforma la Ley General de Salud en materia de Salud Sexual y Reproductiva, según los dictados del nuevo orden mundial" (Noticias Globales, 7 de diciembre). ¿Cuáles son esos dictados del "nuevo orden mundial"? Al menos desde 1999, organismos de la ONU (UNICEF, OMS y Organización Panamericana de la Salud, Fondo para la Población, Programa para el Desarrollo, etc.), recomiendan a los gobiernos ABOLIR LA PATRIA POTESTAD, con el fin de asegurar "servicios confidenciales de salud sexual y reproductiva para adolescentes". Además, proponen "redefinir" el embarazo, con la intención de dar cabida a la distribución indiscriminada de los métodos abortivos englobados en la llamada "anticoncepción de emergencia" (DIU, "píldora del día después, o altas dosis de anticonceptivos de toma diaria).

Fue Argentina una de las primeras naciones de América en acatar las órdenes de la ONU, ya que en 2001 el gobierno de ese entonces aseguró que la desaparición de la patria potestad es política del Estado. ¿Por qué este ataque a la patria potestad? Porque es un obstáculo para la implantación de políticas pro abortistas. Así lo reconoce un documento de la ONU

(*Bulletin of the World Healt Organization*, 2000, 78 (5)): "Deben desaparecer las regulaciones que pongan la decisión del aborto en manos de otros que no sea la misma mujer, por ejemplo, haciendo valer las cláusulas de 'la objeción de conciencia' a favor de los proveedores que no desean hacerlo; o también, demorando el aborto con motivo de obtener permisos de terceros para hacerlo". (Se deduce que en permisos de terceros, se incluye el permiso de los padres en el caso de menores; o del marido en el caso de una mujer casada).

Y ahora en México, las Comisiones de Salud y de Equidad y Género de la Cámara de Diputados han emitido un dictamen para modificar la Ley General de Salud en materia de Salud Sexual y Reproductiva, que elimina la patria potestad y redefine el embarazo. Copio los artículos con las enmiendas en negrita (el Capítulo VI es totalmente nuevo):

Artículo 64: **La prestación de servicios de salud sexual a adolescentes** debe evitar condiciones de riesgo para su salud, el contagio de enfermedades sexualmente transmisibles y el embarazo de adolescentes, siendo de interés público la preservación de la seguridad, vida y salud de los menores adolescentes, **por lo que se prohíbe toda injerencia arbitraria que pretenda desconocer su derecho a recibir la prestación de los servicios de salud sexual, por lo que la voluntad de los adolescentes tendrá relevancia jurídica, debiendo garantizarse que el adolescente reciba información suficiente para formarse un juicio propio, tenga el derecho de expresar su opinión libremente en todos los asuntos de salud que lo afecten.**

Capítulo VI: Planificación Familiar y Anticoncepción (Artículo 71 bis 1). Para efectos de lo dispuesto en este capítulo, por embarazo se entiende la parte del proceso de reproducción humana que comienza con la implantación del embrión y termina con el nacimiento o con un aborto, por lo que se considerarán como métodos anticonceptivos todos aquellos cuyos efectos actúen hasta antes de que tenga lugar la implantación.

¿Nos queda todavía alguna duda de qué nuevo "orden mundial" quieren establecer los burócratas de la ONU? ¿Ve cómo no es casualidad que en Guatemala se haya propuesto la Ley de acceso universal a los anticonceptivos?

4. Datos que van en contra de la creencia popular

Aunque yo prefiero los argumentos basados en principios filosóficos y antropológicos que los que se basan en datos demográficos, traduzco a continuación algunos hallazgos que contradicen las creencias generalizadas relacionadas con los anticonceptivos, el aborto y las experiencias pre o extra matrimoniales, sobre todo para aquellos que dicen que hasta que no ven, no creen. Los datos proceden de investigaciones que se han realizado en los Estados Unidos, y que se han publicado en prestigiosas revistas científicas. Mi fuente directa es el *Family and Society Database*, de la *Heritage Foundation* (www.heritage.org). Helas aquí:

1. Cincuenta y tres por ciento del rápido declive (declive de un tercio) en los embarazos de adolescentes de 1991 a 2001 pueden atribuirse a una reducción de su actividad sexual, mientras que un 47% se puede atribuir al uso de anticonceptivos. (*Journal of Adolescence Heealth* 2004). (Nótese: 53 contra 47; ¿qué es más eficaz, entonces, para prevenir los embarazos no deseados: la abstinencia o los anticonceptivos?)

2. Los factores más estrechamente relacionados con los embarazos de adolescentes (y alumbramientos) de 1991 a 1995 fueron el incremento de la abstinencia y el declive del porcentaje de adolescentes que se casaron. Una mayor abstinencia entre los adolescentes es la causa principal del declive de los nacimientos y de un 67% de reducción en los embarazos de parejas de adolescentes no casados. (*Adolescence and Family Health*, 2003).

3. Las mujeres que cohabitaron antes de su matrimonio fueron 33% más proclives a tener un matrimonio que terminara en divorcio o en separación que las mujeres que no cohabitaron antes de su matrimonio. En comparación con las mujeres que no tuvieron contacto sexual antes del matrimonio, aquellas que sí lo hicieron fueron 34% más proclives a divorciarse. Por cada año que retrasaron el contacto sexual, el riesgo de disolución del matrimonio disminuyó en un 8%. (*Journal of Marriage and the Family*, 2003).

4. Aunque una relación prematrimonial íntima con el esposo o esposa no afecta el riesgo de separación posterior, tener al menos una relación prematrimonial con otra persona incrementa notablemente la probabilidad de divorcio (entre un 53 y un 119%) (*Journal of Marriage and the Family*, 2003).

5. Las muchachas que inician su actividad sexual a una edad más temprana tienen más probabilidades de abortar que las que inician la actividad sexual más tarde: 30% de las muchachas que tuvieron relaciones sexuales desde los 13 ó 14 años han tenido un aborto, mientras que solamente un 12% de las que empezaron su actividad sexual a los 21 ó 22 años lo tuvieron. (*Heritage Foundation Working Paper*, 2003).

6. La tasa de suicidios de mujeres que abortan es de 34.7 por 100,000. Esta cifra es tres veces mayor que la tasa general de suicidios, y seis veces la de mujeres que dan a luz (5.9 por 100,000) (*British Medical Jornal*, 1998).

7. Los datos sugieren que las mujeres menores de 18 años que han tenido un aborto tienen dos y media veces más de probabilidad de tener cáncer de mama que las que nunca han tenido uno aborto. (*Journal of the National Cancer Institute*, 1994).

8. Las parejas de individuos que se involucran en cyberaffairs perciben que esta actividad es tan dolorosa para ellos como lo sería un affair extra matrimonial real (*Sexual Addiction & Compulsivity*, 2000).

5. Los anticonceptivos y el desarrollo

Vuelvo a la carga sobre el tema de los anticonceptivos porque me parece que todavía hay mucha gente que no ha entendido que no existe una correlación positiva entre disminución de la tasa de la natalidad y aumento de la prosperidad. Si se cree, erróneamente, que el problema de Guatemala es que "hay muchos pobres", entonces cualquier política antinatalista, incluyendo la ley de planificación familiar, que tiene como objetivo la distribución masiva y gratuita de anticonceptivos, será vista con buenos ojos.

William Easterly, ex investigador del Banco Mundial, sostiene en su libro The Elusive Quest for Growth: Economists' Adventures and Misadventures in the Tropics (2002) que "no existe evidencia, en un sentido o en otro, de que el crecimiento de la población afecte el crecimiento de la renta per capita". Y aporta una serie de datos en apoyo de su afirmación: entre 1960 y 1992, el crecimiento per capita del producto interno bruto de todos los países varió entre 2 y +7 por ciento, mientras que el crecimiento poblacional varió solo entre 1 y 4 por ciento. Aun cuando fuera cierto que el crecimiento de la población fuera la causa de la disminución de uno por ciento de la renta per capita (la visión de los alarmistas), esto explicaría solamente la variación de un tercio en el crecimiento per capita. Existen países como Argentina que tienen un lento crecimiento poblacional y un bajo crecimiento económico, y países como Bostwana con un rápido crecimiento poblacional y un rápido crecimiento económico. El Este de Asia creció mucho más rápidamente que las naciones industrializadas de Occidente, aunque tenían un mayor crecimiento poblacional que ellas.

Easterly se pregunta por qué los organismos internacionales (como el Banco Mundial, la AID y la ONU) insisten en ofrecer "cash for condoms" (dinero para condones). Sin meterse a evaluar el enorme negocio que para las compañías farmacéuticas y fabricantes de preservativos representa la venta de sus insumos a los gobiernos de todos los países subdesarrollados, con fondos de los países industrializados, Easterly señala que los responsables de esos organismos internacionales no saben nada de economía, y lo demuestra con un par de ejemplos.

En primer lugar: el mito de la demanda insatisfecha. Todos hemos escuchado este argumento; quedó plasmado, además, en la ley de planificación familiar. Se da por hecho que en nuestros países (los países pobres) las mujeres querrían usar anticonceptivos, pero no tienen dinero para comprarlos. A esto llaman "demanda insatisfecha". Este énfasis en los anticonceptivos, señala Easterly, supone que el mercado libre es incapaz de satisfacer esa demanda, y que por eso el Estado debe intervenir. Es como si dijéramos que existe una demanda insatisfecha de Coca Colas que el mercado es incapaz de cubrir y por eso, a partir de ahora, el estado las proveerá de forma gratuita. ¿En qué cabeza cabe ese razonamiento? Solo en la de los burócratas. Si realmente existiera una demanda de preservativos, y no estuviera prohibida su venta (como es el caso), de inmediato se produce la oferta hasta cubrir la demanda.

El otro argumento que se esgrime es que las familias pobres no pueden pagar el precio de los anticonceptivos, y que por eso el Estado debe proporcionárselo. Según esta lógica, resulta que las familias pobres no tienen dinero para anticonceptivos pero sí lo tienen para mantener niños no deseados... De acuerdo con estos expertos, entonces, los pobres razonarían así: "si los anticonceptivos fueran gratis, los usaría; pero me cuesta dos quetzales (un condón), y por eso me arriesgaré a tener un hijo, aunque ello me signifique muchos más gastos". Nada más ridículo.

El mejor anticonceptivo, termina diciendo Easterly en el capítulo 5 del libro citado, es el desarrollo: "la respuesta para aquellos que se preocupan por el crecimiento de la población es mejorar los incentivos para invertir en las personas. [De esa forma] Los padres querrán reducir el número de hijos, sin que los bienintencionados funcionarios internacionales tengan que regalarles condones".

6. La separación entre Iglesia y Estado

Al razonar su voto en favor de la publicación de la Ley de planificación familiar, la diputada Zury Ríos citó al expresidente francés Valery Giscard D'Estaing, quien supuestamente dijo que él era católico, pero que, como presidente, no podía imponer sus convicciones a los franceses, pues en Francia se vive la separación entre Iglesia y Estado.

Nadie que haya leído nuestra Constitución negará que Guatemala es, afortunadamente, un país aconfesional: el Estado guatemalteco no se declara oficialmente en favor de ninguna religión. Otra cosa es decir, sin embargo, que las leyes sean un terreno vedado a cualquier inspiración religiosa.

"El equívoco empieza —dice Ignacio Aréchaga— por la consideración de 'ideología religiosa'. ¿Es ideología religiosa mantener que el matrimonio solo puede existir entre hombre y mujer? Porque desde antes de que existiera la Iglesia católica hasta ayer mismo a nadie se le había ocurrido que esto fuera una idea exclusivamente religiosa. Y parece que también hoy poblaciones tan distintas y alejadas de las ideas cristianas como los chinos y los tauregs siguen compartiendo esa manía heterosexual".

Es verdad: quienes atacan las ideas contrarias de "ideología religiosa" pretenden desviar la atención del público sobre el centro del debate. En el caso de la Ley de planificación familiar, Zury Ríos y compañía pretenden que juguemos en su cancha y nos enfrasquemos en un debate sobre la separación (deseable) entre Iglesia y Estado; con ello evitan que se discuta sobre las inconstitucionalidades que esta ley contiene.

Son muy astutos: después de decir "que no nos impongan sus convicciones", saben que el camino queda abierto para imponer las propias (que tampoco son originales: les vienen dictadas por Aprofam, la IPPF y el Fondo de las Naciones Unidas para la Población).

Michael Walzer, profesor de filosofía política en Princeton, autor de más de veinte libros, sobre todo de ética política, uno de los intelectuales de la izquierda americana más escuchados, abordaba en un reciente artículo la presencia de la religión en la política de su país.

Walzer se felicita de la separación entre la Iglesia y el Estado establecida en la Primera Enmienda, y reconoce que esto ha favorecido también a la religión y ha evitado conflictos interreligiosos. Por eso, dice, "en interés de la religión y de la política democrática, debemos defender el 'muro' que separa la Iglesia y el Estado". Pero hace una clarificación que vale tanto para EE.UU. como para cualquier otro país: "El muro indica una separación institucional, no doctrinal. Podemos insistir en que ninguna religión cuente con el poder coercitivo del Estado, lo que implica también proteger a todas las religiones del poder coercitivo del Estado. Pero no podemos impedir a los ciudadanos que se basen en sus propias ideas religiosas para formar su propia línea política".

Mantiene Walzer que "en una sociedad democrática no es posible censurar el discurso político o excluir de él la referencia a determinados textos". La separación entre la Iglesia y el Estado no exige tal cosa. "Lo que queremos evitar es que una religión en particular, o la religión en general, se arraigue y se atrinchere en nuestra vida pública. Pero no podemos impedir la promulgación de leyes inspiradas en particulares doctrinas religiosas, como tampoco podemos evitar la emanación de leyes inspiradas en una particular ideología".

En suma: si bien lo importante, como dice Aréchaga, "no es en qué se inspira un ciudadano para hacer una propuesta política (lo que dependerá de factores diversos: la educación recibida, sus lecturas, su religión, su experiencia vital, su ideología política...), sino la solidez de sus ideas, la oportunidad de sus propuestas, su capacidad de aglutinar voluntades", también queda claro que la inspiración religiosa de esas propuestas es tan legítima como la inspiración ecologista, liberal o sindical. Como dice Walzer, "en el espacio público y en la sociedad civil, los creyentes deben ser bienvenidos y sus argumentaciones deben ser tratadas como las de cualquier otro". También las de Efraín Ríos Montt, por muy religiosas y fundamentalistas que nos parezcan.

www.ingramcontent.com/pod-product-compliance
Lightning Source LLC
Chambersburg PA
CBHW071803170526
45167CB00003B/1157